少量だから気軽に続けられる

榎本美沙の発酵つくりおき

家の光協会

p.35 ミニトマトの塩麹マリネ

p.18 小松菜と桜えびの塩麹ナムル

はじめに

「今日は冷蔵庫においしい〝あれ〟がある…!」

そう思うだけで、心が楽になるようなおかずを、〝ちょっとだけ〟つくりおくのが好きです。私はたくさんの量をつくりおくと「食べなきゃ」というプレッシャーを感じてしまうので、いつも〝少量のつくりおき〟をします。そうすると、つくりおきがあることが、心の余裕に繋がって気持ちが軽やかになるように思います。

そして、私が大好きな発酵食品は、つくりおきにぴったり。発酵食品自体が奥行きのある味わいなので、調味料の量が少しでも、味に深みが出て、さらに、冷めてもおいしいおかずができるのです。濃い味にならないので、たくさん食べても軽やかで、体に嬉しいおかずです。

わが家でも定番の、野菜がたっぷり食べられるつくりおきや、発酵の力で冷めてもしっとり仕上がるお肉や魚のつくりおき、多くの方に「いつも常備しています」とお声かけいただけるものまで、たくさんのおかずをご紹介しています。どれも私が大好きな、シンプルで、素材が楽しめる味になっていると思います。

皆さまの冷蔵庫でも、〝発酵つくりおき〟が活躍できたら、とても嬉しく思います。

榎本美沙

軽やかにはじめる

発酵つくりおきのいいところ

日々のごはんづくりが楽になります

少量だから、とても気軽です

その日のごはんづくりに加えて、つくりおきまでとなると手が回りません。けれど少量なら手間も少なく、さっと作れて気軽です。また、大量のつくりおきが冷蔵庫にあると、「食べきらなくちゃ」とプレッシャーになるもの。簡単なものを少しだけ、の発酵つくりおきなら、短い期間で食べきれるので、気持ちも軽やかなのです。

シンプルな手順、素材で味わい深く

発酵の力によって、それ自体のうま味が強いのが発酵食品の特徴。複雑な手順を踏まなくても、少し加えるだけで、手軽に奥深い味わいになるのです。忙しくて料理にかけられる時間の少ないときにこそ、発酵食品を活用。すでに時間をじっくりかけて、それ自体がおいしくなっている発酵の力に思いきり頼りましょう。

素材の力を最大限に引き出します

肉や魚がふっくらやわらかに

麹菌を含む塩麹や甘酒、みそなどの発酵食品には、動物性たんぱく質をやわらかくする酵素「プロテアーゼ」が含まれているため、肉や魚がしっとりやさしい食感になります。また、肉や魚に酢を加えると、かたい食感の原因である筋繊維の間に隙間ができることで保水性が高まり、しっとりふっくら仕上がります。

冷めてもおいしいのでお弁当にも

発酵食品を使ったおかずのいいところは、冷めてもおいしさが持続するところ。また、塩けを強く効かせなくてもうま味が素材の芯までしっかり入っているため、ごはんがどんどん進むおかずになるのです。2、3日は保存が効くので、夕ごはんで食べた後に、残りをお弁当用にとっておくのもおすすめのアイデアです。

いつもの料理がひと味違うおいしさに

塩の代わりに塩麹、砂糖の代わりに甘酒を使う。ちょっと変化がほしいときにはみそを少し足したり、酢を加えてキリッと引き締める。まずはそんなところから気軽に発酵食品を取り入れてみましょう。いつもの手順で、同じ素材。それなのに新鮮なおいしさに出合えるのが、発酵食品を使ったつくりおきのいいところです。

取り入れたい発酵食品

塩麹

材料は米麹と塩、そして水だけ。発酵によって、まろやかな塩けが生まれます。塩代わりに使えば、料理が奥深い味わいに。エネルギー代謝アップの効果も。

みそ

麹の種類によって、米みそ、豆みそ、麦みそなどの種類に分かれ、仕込み方によって味もさまざま。榎本家では、冬のみそ仕込みが恒例行事です。

甘酒

砂糖は入れていないのに、やさしい甘さ。これは米のでんぷんが麹によって発酵し、糖化することで出る味わい。「飲む点滴」と言われるほど栄養豊富。

日々の料理で気軽に使えば、いつのまにか体はすっきり健やかに。すっかりおなじみになった塩麹や甘酒のほか、これまで自然に使っていたあれこれも、実は発酵の力がいっぱい。

バルサミコ酢・純米酢 白ワインビネガー

洋風料理にはワインビネガーや熟成されたバルサミコ酢を。すっきり仕上げたいときは、精製米を原料にした米酢を使って。

黒酢

榎本家で“酢”といえばこちら。玄米をじっくり発酵させることで深いうま味を生み出します。少し入れるだけで、料理が絶妙に引き締まります。

ヨーグルト

まろやかさとコクがほしい料理には、ヨーグルトを使って。乳酸菌の力で整腸作用も期待できて、不足しがちなたんぱく質も気軽に摂取できます。

目次

2章　発酵おかずの素

3章　肉・魚の発酵つくりおき

保存のルール

容器は清潔なものを。

中性洗剤で洗って清潔な布で水気をふき取っておきます。食品用アルコールで消毒するとより安心。

粗熱をとってから容器に。

熱いまま容器に入れると水蒸気がたまって水滴となり、菌が繁殖する原因に。

保存期間はあくまで目安です。

取り分けは食事用の箸ではなく、取り箸や清潔なスプーンを使って。

本書のルール

電子レンジは600Wの加熱時間です。500Wの場合はレシピの1.2倍の加熱時間を目安としてください。機種により差が出るので、様子を見ながら加減してください。

1カップは200mL、大さじ1は15mL、小さじ1は5mLとしています。

野菜を洗う、皮をむくなどの基本的な処理はとくに言及していない限り省略しています。それぞれ好みに合わせて行ってください。

甘酒は米麹を原料とした、そのまま飲めるストレートタイプを使用しています。

1章

野菜の発酵つくりおき

積極的に食べたい野菜は、発酵食品を使えばよりヘルシーに。ちょっと1品足りないときに、おなかも心もしっかり満たしてくれる頼れるつくりおきです。

ヨーグルト ポテトサラダ

マヨネーズだと少し重たい。
そんなときにはヨーグルトを活用。
マヨ好きの夫も大満足です。

材料（3～4人分）

じゃがいも……3個（300g）
きゅうり……1/2本
玉ねぎ……1/4個（50g）
ハム……2枚
A｜プレーンヨーグルト……大さじ3
｜オリーブオイル……大さじ1
｜塩……小さじ1/4

＊冷蔵庫で3～4日間保存可能。

作り方

1）きゅうりは薄切りにして塩ひとつまみ（分量外）を振ってもみ、5分おく。しっかり水気を絞る。玉ねぎは横（繊維を断つ向き）に半分に切ってから縦薄切りにする。耐熱皿に入れ、ふわりとラップをかけて電子レンジで1分加熱する。ハムは半分に切ってから1cm幅に切る。
2）じゃがいもは皮ごと洗う。水気がついたまま1個ずつラップに包み、電子レンジで3分30秒加熱する。上下を返してさらに3分、やわらかくなるまで加熱する。ラップをはずし、少し冷めたら手で皮をむいてボウルに入れ、スプーンで粗くつぶす。
3）2にAを加え、よく混ぜる。1を加え、さっくりと混ぜ合わせる。

小松菜と桜えびの塩麹ナムル

塩麹のまろやかな塩けと
ごま油の風味は好相性。
小松菜はシャキッと
食感を残してゆであげます。

材料（2〜3人分）

小松菜……1束（200g）

A
- 桜えび……5g
- 塩麹、ごま油……各小さじ2

＊冷蔵庫で3〜4日間保存可能。

作り方

1）鍋にたっぷりの湯を沸かし、塩少々（分量外）を入れる。小松菜を持って茎から湯に入れ、30秒ほど火を通したら、ゆっくり曲げながら葉の部分も入れ、10秒ほどゆでる。

2）1を流水にさらして冷まし、水気をしっかり絞って4cm長さに切る。ボウルに入れ、Aで和える。

かぼちゃの甘酒レンジ煮

加熱後は、ラップをかけたまま冷まします。
このひと手間で味がしみ、
食感もしっとり。

材料（4〜5人分）

かぼちゃ（種とわたを取ったもの）
……350g
A 甘酒（ストレートタイプ）
……大さじ3
しょうゆ……大さじ1
黒すりごま……大さじ1

＊冷蔵庫で3〜4日間保存可能。

作り方

1）かぼちゃはひと口大に切り、耐熱ボウルに入れる。Aを加えて軽く混ぜ、ふわりとラップをかけて電子レンジで5〜6分、竹串がすっと入るやわらかさになるまで加熱する。
2）全体を混ぜ、ラップをかけたまま粗熱をとる。黒ごまを振って混ぜる。

みそラタトゥイユ

野菜は弱火でじっくり、うま味を引き出します。
ほのかなみその風味で、味わいをより深めて。

材料（3〜4人分）

なす……2本
ズッキーニ……1本
パプリカ（赤・黄）……各1/2個
玉ねぎ……1/2個（100g）
トマト水煮缶（ホールタイプ）
……1缶（400g）
にんにく（つぶす）……1かけ
みそ……大さじ1
ローリエ……1枚
塩、こしょう……各適量
オリーブオイル……大さじ3

＊冷蔵庫で4〜5日間保存可能。

作り方

1）なす、ズッキーニ、パプリカは小さめの乱切りにする。玉ねぎは2cm角に切る。
2）厚手の鍋ににんにくとオリーブオイルを入れて弱火で熱する。香りが立ったら1の玉ねぎを炒める。
3）玉ねぎがしんなりしたら、1のなす、ズッキーニ、パプリカを加え、塩、こしょうを軽く振って5〜6分じっくり炒める。
4）トマト缶をつぶしながら入れ、みそ、ローリエを加える。煮立ったらふたをし、20〜30分、時々混ぜながら煮る（汁気が多いようならふたをとって水分を飛ばす）。味を見て、塩、こしょうで調える。

黒酢なめたけ

やさしい味わいのなめたけは、
黒酢の酸味がアクセント。
冷ややっこにのせて味わっても。

材料（5～6人分）

えのきだけ……大1パック（200g）
A｜みりん、酒……各大さじ2
　｜黒酢、しょうゆ……各大さじ1と1/2

＊冷蔵庫で1週間保存可能。

作り方

1）えのきだけは根元を切り落とし、長さを3等分に切ってほぐす。
2）鍋に1とAを入れ、中火にかける。ヘラで混ぜながら汁気がほぼなくなるまで加熱する。

切り干し大根ときゅうりのハリハリ漬け

箸が止まらないうま味の秘密は黒酢。
きゅうりの清涼感で軽やかさを。

材料（3～4人分）

切り干し大根……30g
きゅうり……1本
昆布……5cm角1枚
A　赤唐辛子の小口切り……1本分
　　しょうゆ、みりん、黒酢
　　　……各小さじ4

＊みりんのアルコール分が気になる場合は、耐熱容器に入れて電子レンジでラップせずに40～50秒加熱して煮切る。
＊冷蔵庫で3～4日間保存可能。

作り方

1) 切り干し大根はさっと洗い、ボウルに入れてひたひたの水を加える。ラップを上から密着させて敷き込んだら、5分おいて水気をしっかり絞る。長ければ食べやすい長さに切る。
2) きゅうりは細切りにする。昆布はキッチンバサミで細切りにする。
3) 保存容器に1、2、Aを入れてなじませ、再びラップを上から敷き込んで15分おく。

丸ごとピーマンの焼き浸し

ピーマンは種ごと、丸ごと！
くったり火を入れるのがおいしい秘訣。

材料（3～4人分）

ピーマン……8個
A
- だし汁……150mL
- しょうゆ、黒酢……各小さじ4
- みりん……小さじ2

サラダ油……小さじ1

＊みりんのアルコール分が気になる場合は、耐熱容器に入れて電子レンジでラップせずに30～40秒加熱して煮切る。
＊冷蔵庫で3～4日間保存可能。

作り方

1）ピーマンはへたも種もそのままで、全体にフォークで穴をあける。
2）保存容器にAを入れ、混ぜる。
3）フライパンにサラダ油を弱めの中火で熱し、1を入れてふたをし、時々転がしながら12～13分蒸し焼きにする。
4）2に3を入れ、ラップを上から密着させて敷き込み、15分ほどおく。

塩麹白菜ナムル

塩麹の塩けとうま味を吸い込んだ白菜に、
さっとごまの香りをまとわせて。

材料（4〜5人分）

白菜……1/4個（500g）
塩麹……大さじ2と1/2
A｜白いりごま……大さじ1
　｜ごま油、酢……各小さじ2と1/2

＊冷蔵庫で3〜4日間保存可能。

作り方

1）白菜は繊維を断つ向きで2cm幅に切り、ジッパー付き保存袋に入れる。塩麹を加えてもみ、空気を抜いて封をし、室温で30分おく。
2）1の水気をしっかり絞り、Aで和える。

甘酒きんぴらごぼう

定番常備菜を、しょうゆと甘酒でシンプルに。
穏やかな甘さで、たっぷり食べられる軽やかさ。

材料（3〜4人分）

ごぼう……1本(150g)
赤唐辛子の小口切り……1本分
A｜甘酒(ストレートタイプ)……大さじ2
　｜しょうゆ……小さじ2
白いりごま……小さじ2
ごま油……小さじ1

＊冷蔵庫で4〜5日間保存可能。

作り方

1) ごぼうは細切りにする。
2) フライパンにごま油を中火で熱し、1と赤唐辛子をしんなりするまで炒める。Aを加えて汁気がなくなるまで炒め、白ごまを加える。

ヨーグルトコールスロー

ほどよいコクは、ヨーグルトとオイルの合わせ技。
軽やかなのに、満足感ある味わいです。

材料（3〜4人分）

キャベツ……1/4個（300g）
にんじん……1/4本（50g）
塩……小さじ1
A｜プレーンヨーグルト……大さじ5
　｜オリーブオイル……小さじ1

＊冷蔵庫で3〜4日間保存可能。

作り方

1）キャベツはせん切りにする（芯は斜め薄切りにする）。にんじんは細切りにする。
2）ボウルに1を入れて塩を加えてよくもむ。5分ほどおいて出てきた水気をしっかり絞り、Aで和える。

甘酒キャロットラペ

**にんじんに含まれるβ-カロテンは、油で吸収力アップ。
炒めることで、味のしみ込みもよくなります。**

材料（4〜5人分）

にんじん……1本（200g）
くるみ（無塩・ロースト済みのもの）
……20g
A｜甘酒（ストレートタイプ）
｜……大さじ2
｜白ワインビネガー（酢で代用可）
｜……小さじ2
｜塩……ひとつまみ
オリーブオイル……小さじ1

＊冷蔵庫で4〜5日間保存可能。

作り方

1）にんじんは4〜5cm長さの細切りにする。くるみは粗く刻む。
2）フライパンにオリーブオイルを中火で熱する。1のにんじんを入れてさっと炒める。油が回ったらAを加え、汁気がなくなるまで炒める。くるみを加えて混ぜる。

かぶの梅べったら漬け

市販のものに比べると、甘さはほんのり軽め。
梅のさわやかな香りで、サラダ感覚のひと品。

材料（2〜3人分）

かぶ……2個(200g)
塩……小さじ1
甘酒(ストレートタイプ)……大さじ4
梅干し……1個

＊冷蔵庫で2〜3日間保存可能。

作り方

1) かぶは茎を1cmほど残して切り、皮をむく。縦半分に切ってから、縦の5mm幅に切る。ボウルに入れ、塩をもみ込み10分おき、出てきた水気をしっかり絞る。
2) ポリ袋に1を入れ、甘酒を加える。梅干しをちぎりながら入れ、空気を抜いて封をし、冷蔵庫で30分以上おく。

エリンギのコチュジャン照り焼き

**エリンギは輪切りにするのがポイント。
やわらか食感で味しみしみに。**

材料（2〜3人分）

エリンギ……2パック（200g）
A｜しょうゆ、みりん、酒
｜……各小さじ2
｜コチュジャン……小さじ1/2
サラダ油……大さじ2

＊冷蔵庫で3〜4日間保存可能。

作り方

1）エリンギは軸を2cm幅の輪切りにし、かさは半分に切る。
2）フライパンにサラダ油を強めの中火で熱し、1を2分ほど、動かさずにじっくり焼く。上下を返し、裏面も1分30秒焼く。
3）キッチンペーパーで余分な油をふき取り、火を止める。混ぜ合わせたAを加え、弱火にかけて全体にからめる。

焼きねぎの塩麹中華マリネ

長ねぎの外側はこんがり、中身はとろり。
熱いうちに調味液につけ、味をしっかり入れて。

材料（2～3人分）

長ねぎ……2本
A｜黒酢……大さじ2
｜塩麴、みりん……各大さじ1
｜ごま油……小さじ1
ごま油……小さじ1

＊みりんのアルコール分が気になる場合は、耐熱容器に入れて電子レンジでラップせずに40秒ほど加熱して煮切る。
＊冷蔵庫で3～4日間保存可能。

作り方

1）長ねぎは5cm長さに切る。
2）フライパンにごま油を弱めの中火で熱し、1を入れる。4～5分焼いたら上下を返し、弱火でさらに4～5分焼く。
3）保存容器に2を入れ、Aで和える。

ミニトマトの塩麹マリネ

トマトの甘酸っぱさに、塩麹のまろやかな塩け。
湯むきのひと手間で、味しみは段違い。

材料（4〜5人分）

ミニトマト……2パック（24個）

A 塩麹、オリーブオイル、酢……各大さじ2
　砂糖……大さじ1

下準備：氷水を用意する。

＊冷蔵庫で2〜3日間保存可能。

作り方

1） ミニトマトは竹串で皮に3か所ほど穴をあける。
2） 鍋にたっぷりの湯を沸かし、1を15秒ほどゆでる。氷水に移し、皮をむく。
3） キッチンペーパーで2の水気をふき取り、ポリ袋に入れる。混ぜ合わせたAを加え、なじませる。

バルサミコれんこん

和の印象のれんこんを、バルサミコで洋風に。
にんにくを効かせれば、ちょっとバル気分です。

材料（3～4人分）

れんこん……150g
にんにくのみじん切り……1かけ分
A｜しょうゆ、バルサミコ酢、
　｜白ワイン（酒で代用可）
　｜……各小さじ2
こしょう……適量
オリーブオイル……小さじ2

＊冷蔵庫で4～5日間保存可能。

作り方

1）れんこんは皮ごと2～3mm幅の半月切りにする。
2）フライパンにオリーブオイルを中火で熱し、1とにんにくを炒める。れんこんに透明感が出てきたら、Aを加えて炒め、こしょうを振る。

もやしのごまみそサラダ

あっさりもやしの副菜は、みそを加えるだけで
食べ応えアップ。ごまの香りが食欲を誘います。

材料（3～4人分）

もやし……1袋（250g）

A｜みそ、酢、白すりごま
　……各大さじ1
｜みりん、ごま油……各小さじ2

＊みりんのアルコール分が気になる場合は、耐熱容器に入れて電子レンジでラップせずに30～40秒ほど加熱して煮切る。
＊冷蔵庫で2～3日間保存可能。

作り方

1）鍋にたっぷりの湯を沸かし、もやしを1分ほどゆでる。ざるにあげ、粗熱をとる。
2）保存容器にAを入れて混ぜ、1を水気をしっかり絞ってから加えて和える。

ピリ辛ごまきゅう

ごまの香りとみそのコク。ポリポリと軽やかな、
ついついつまみたくなる、わが家の定番です。

材料（3～4人分）

きゅうり……2本
塩……ひとつまみ
A　白すりごま……大さじ2
　　みそ、みりん、酢、ごま油……各小さじ2
　　豆板醤……小さじ1

＊冷蔵庫で2～3日間保存可能。

作り方

1) きゅうりは2～3mm幅の薄切りにする。ボウルに入れて塩をもみ込み、5分ほどおいて水気を絞る。
2) 保存容器にAを入れて混ぜ、1を加えて和える。

山形のだし

**作っておくと何かと便利な、夏の常備菜。
お刺身に添えたり、うどんにかけたり大活躍。**

材料（3〜4人分）

きゅうり、なす……各1本
みょうが……1個
青じそ……4枚
A | 細切り昆布（あれば
がごめ昆布入りのもの）……3g
しょうゆ、みりん……各大さじ2
黒酢……小さじ1

＊冷蔵庫で2〜3日間保存可能。

作り方

1）きゅうりは5mm角程度に切る。なすも同様の大きさに切り、切ったそばから水につけていく。5分ほどおいたらざるにあげ、水気をしっかりきる。みょうが、青じそはみじん切りにする。

2）ボウルに1とAを入れ、混ぜ合わせる。ラップを上から密着させて敷き込み、味がなじむまで15分ほどおく。

塩麹ヨーグルトのごぼうサラダ

ヨーグルトのコクと塩麹の深みある味わいで、
オイルなしでも実に満足。食物繊維もたっぷり！

材料（3〜4人分）

ごぼう……1本（150g）
A｜水きりヨーグルト（または
　｜　ギリシャヨーグルト）……60g
　｜塩麹……小さじ2
　｜白すりごま……大さじ2

＊冷蔵庫で2〜3日間保存可能。

作り方

1）ごぼうは細切りにする。鍋にたっぷりの湯を沸かし、塩少々（分量外）を加えて2〜3分ゆでる。ざるにあげ、水気をしっかりきって粗熱をとる。
2）ボウルに1とAを入れて和える。

（水きりヨーグルトの作り方）
ボウルにざるを重ね、キッチンペーパーを敷く。プレーンヨーグルト120gをのせ、ラップをかけて冷蔵庫でひと晩水きりする（およそ半量の60gになる）。

塩麹甘酢の玉ねぎ

甘酸っぱさの奥にある、塩麹のまろやかな塩け。
蒸し鶏と和えたり、サンドイッチの具にしても。

材料（3〜4人分）

玉ねぎ……2個（400g）

A
- 酢……大さじ4
- きび砂糖……大さじ2と1/2
- 塩麹……小さじ1

＊冷蔵庫で4〜5日間保存可能。

作り方

1）玉ねぎは縦薄切りにする。耐熱容器に入れ、ふわりとラップをかけて電子レンジで4分30秒加熱する。
2）熱いうちにAで和える。

いんげんのみそ白和え

つくりおきの白和えは、たっぷりのごまに、
水気を吸わせて。もちろん風味も格別です。

材料（2～3人分）

いんげん……100g
絹ごし豆腐……1/2丁（150g）
A｜白すりごま……大さじ3
　｜みそ……大さじ1/2
　｜砂糖……小さじ1

＊冷蔵庫で3～4日間保存可能。

作り方

1）豆腐はキッチンペーパーで二重に包み、耐熱皿にのせて電子レンジでラップをせずに3分加熱する。そのまま20分ほどおき、水きりする。
2）いんげんは、筋があれば取り除く。鍋にたっぷりの湯を沸かし、塩少々（分量外）を加え1分ほどゆでる。ざるにあげて粗熱をとり、3～4cm長さに切る。
3）ボウルに1とAを混ぜ合わせ、2を加えて和える。

ほうれん草と春菊のみそごま和え

ゆでるとかさが減る葉野菜は、2種使いで。
春菊の香りと、みそのコクの相性を楽しんで。

材料（4〜5人分）

ほうれん草、春菊……各1束(各200g)

A　黒すりごま……大さじ3
　　みそ、しょうゆ……各小さじ2
　　砂糖……小さじ1

＊冷蔵庫で3〜4日間保存可能。

作り方

1) 鍋にたっぷりの湯を沸かし、塩少々(分量外)を入れる。ほうれん草と春菊を持って茎から湯に入れ、30秒ほど火を通したら、ゆっくり曲げながら葉の部分も入れ、10秒ほどゆでる。
2) 1を引き上げて流水にさらす。冷めたら水気をしっかり絞り、4cm長さ程度に切る。
3) ボウルに2、Aを入れて和える。

春雨サラダ

春雨にごま油をからめておくと、風味がよく、
固まらずに一石二鳥。具材は水気をよくきって。

材料（2〜3人分）

春雨（乾燥）……50g
きゅうり……1本
わかめ（乾燥）……2g
ハム……2枚
A 白いりごま、黒酢、しょうゆ、
　ごま油……各大さじ1
　砂糖……小さじ1/2
ごま油……小さじ1

＊冷蔵庫で2〜3日間保存可能。

作り方

1）春雨は袋の表示通りにゆで、流水で洗って冷まし、ざるにあげる。水気をしっかりきって、ごま油をからめる。
2）きゅうりは4〜5cm長さの細切りにし、塩少々（分量外）を振ってもみ、5分おいて水気をしっかり絞る。わかめは水でやわらかく戻し、水気をしっかり絞る。ハムは半分に切ってから細切りにする。
3）ボウルにAを合わせ、1と2を加えて和える。

なすの黒酢漬け

厚めに切って、じっくりとろりと素揚げ。
おいしい漬け汁をたっぷり吸ったなすは、絶品！

材料（4～5人分）

なす……4本
A｜長ねぎのみじん切り……10cm分
　｜黒酢……大さじ4
　｜しょうゆ、みりん……各大さじ2
　｜赤唐辛子の小口切り……1本分
揚げ油……適量

＊みりんのアルコール分が気になる場合は、耐熱容器に入れて電子レンジでラップせずに1分～1分30秒加熱して煮切る。
＊冷蔵庫で3～4日間保存可能。

作り方

1）Aを保存容器に入れて混ぜる。
2）なすは1.5cm幅の輪切りにする。
3）フライパンに深さ1cmほど油を注ぎ、180℃に熱する。2を上下を返しながら4分ほどじっくりと素揚げする。
4）なすが熱いうちに1に入れる。

セロリの塩麹レモンマリネ

レモンの香りと塩麹のコクが絶妙なひと皿。
トマトやきゅうりでもおいしくつくれます。

材料（2〜3人分）

セロリ……1本

A｜塩麹、レモン汁、オリーブオイル
｜……各小さじ1

＊冷蔵庫で3〜4日間保存可能。

作り方

1）セロリは斜め薄切りにする。
2）ボウルに1を入れ、Aを混ぜ合わせてから加える。15分ほどおいてなじませる。

枝豆塩麹ペペロン

「とりあえず」のおつまみでおなじみの枝豆も、
塩麹とにんにくで、どんどん手が伸びる一品に。

材料（2～3人分）

枝豆……1袋（250g）
にんにくのみじん切り……1かけ分
赤唐辛子の小口切り……1本分
塩麹……大さじ1と1/2
オリーブオイル……大さじ1＋小さじ1

＊冷蔵庫で2～3日間保存可能。

作り方

1）枝豆は洗ってざるにあげ、水気をきる。塩麹をもみ込む。
2）フライパンにオリーブオイル大さじ1を中火で熱し、1を焼き色がつくまで2～3分焼く。
3）2をさっと混ぜて弱火にする。水大さじ2（分量外）を加えてふたをし、7～8分蒸し焼きにする。
4）ふたを開け、オリーブオイル小さじ1、にんにく、赤唐辛子を加え、香りが立つまで炒め合わせる。

榎本家の発酵暮らし①

子どもの離乳食に発酵を

発酵食品で深い味わいを

わが家には1歳の息子がいるので、普段から離乳食を夫婦で作っています。

やわらかいご飯や、蒸したり茹でたりして刻んだ野菜、肉・魚、だしなどを、味つけせずに少量ずつ冷凍して、食べる際に少しだけ味をつけておかずにしたり、スープにしたり、おじやにしたりしています。

離乳食にも、ほぼ毎食、発酵食品を使っています。味つけで一番多いのが〝みそ〟。

だしと野菜を合わせて加熱し、少しみそを入れるだけで、素材の味が引き立ったおみそ汁になるんです（大人が食べても美味しいです…！）。

息子は今のところ好き嫌いがありませんが、みそ味にするとより一層、するすると食べてくれて助かっています。


あとは、手づかみ食べの練習に、じゃがいものおやきを作るときはヨーグルトを加えたり、かぼちゃのマッシュに甘酒を少し加えてコクをアップさせたり、おくらに塩麹を和えたりもします。朝ごはんはひきわり納豆のご飯にすることも多いです。

息子はよく食べてくれて、ストックはすぐになくなるので、離乳食作りはなかなか大変。夫婦で隙間時間を見つけてはそそくさと作っています。一方で、発酵食品はひとつの種類を少量入れるだけで、味に深みが出て美味しく食べることができるので、味つけはとっても楽ちん。

息子にもストレートな甘み、塩けとはまた違う、発酵食品による深い味わいを知ってもらって、大きくなっても好きでいてくれたらなと思っています。

2章

発酵おかずの素

これさえつくっておけば安心の、冷蔵庫のお守り的存在です。気分に合わせ、あれこれ展開できるのもメリットです。メインにも副菜にも使えて大活躍。

発酵おかずの素

① 塩麹トマトサルサ

野菜たっぷりの塩麹トマトサルサ。野菜のフレッシュさと、塩麹のまろやかな塩味がよく合います。スクランブルエッグにたっぷりかけると朝食にもぴったり。焼いたお肉に合わせれば、さっぱりとしたソース代わりに。お刺身に合わせてマリネにしたり、カルパッチョのソース代わりにしてもおいしい。パプリカを入れてみたり、新玉ねぎの時期には新玉ねぎで作るのもおすすめです。

保存期間／冷蔵庫で2日間

材料(作りやすい分量)

トマト……1個(200g)
玉ねぎ……1/4個(50g)
ピーマン……1個
にんにく……1/2かけ
A
- 塩麹、酢……各小さじ2
- 一味唐辛子……ひとつまみ
- オリーブオイル……大さじ1

作り方

1) トマトは1cm角に、玉ねぎ、ピーマン、にんにくはみじん切りにする。
2) ボウルに1とAを入れて混ぜる。

＊15分ほどおいたら食べごろ。
＊辛味は一味唐辛子で調整を。好みでチリソースを使っても。

〈「発酵おかずの素」をつかって〉

パリパリチキンステーキ トマトサルサがけ

しっかり押さえて焼くことで、皮がパリパリに。
香ばしさとフレッシュなサルサのコンビは最高！

材料（2人分）

鶏もも肉……1枚（300g）
塩麹トマトサルサ（p.52）……適量
塩……小さじ1/4
こしょう……少々
オリーブオイル……大さじ1

作り方

1）鶏肉は厚い部分にキッチンバサミで切り目を入れ、両面に塩、こしょうを振る。

2）フライパンにオリーブオイルを弱めの中火で熱し、1を皮目を下にして入れる。フライ返しで押さえながら7〜8分焼く。上下を返し、キッチンペーパーで余分な脂をふき取り、さらに4〜5分焼く。

3）器に盛り、塩麹トマトサルサをかける。

トマトサルサのポキ丼

ハワイ名物“ポキ”を、サルサでヘルシーに。
塩麹の丸い塩けを生かし、しょうゆは控えめで。

材料（2人分）

まぐろ（刺身用）……150g
アボカド……1/2個
塩麹トマトサルサ（p.52）
……大さじ山盛り6
温かいごはん……茶碗2膳分
しょうゆ、オリーブオイル、
刻みのり……各適量

作り方

1）まぐろは1.5cm角に、アボカドは1cm角に切る。
2）ボウルに1を入れ、塩麹トマトサルサを加えて和える。
3）器にごはんを盛り、2をのせて、しょうゆとオリーブオイルをかけ、刻みのりをのせる。

発酵おかずの素

② 塩麹きのこ

きのこをレンジで加熱して塩麹と和えるだけ。

とっても簡単ですが、塩麹がきのこのうま味を引き出してくれる、万能なおかずの素。食物繊維豊富なきのこをたっぷり摂れる、うれしいつくりおきです。

うどんやそばなど、麺類との相性も抜群！　蒸し鶏、豚しゃぶと和えたり、蒸した魚のソースにしたり、オムレツの具にもおすすめです。

保存期間／冷蔵庫で3～4日間

材料(作りやすい分量)

しめじ、えのきだけ、エリンギ
……各1パック(計300g)
塩麹……小さじ4

＊きのこはお好みのもの300gでOKです。

作り方

1) しめじとえのきだけは石突きを切り落とす。しめじはほぐし、えのきだけは長さを半分に切る。エリンギは長さを半分に切ってから、それぞれ縦半分に切り、さらに繊維に沿って薄切りにする。
2) 耐熱ボウルに1を入れ、ふわりとラップをかけて電子レンジで4分30秒加熱する。熱いうちに塩麹で和える。

〈「発酵おかずの素」をつかって〉

きのこカルボナーラうどん

納豆もチーズも、もちろん発酵食品！
食べるだけで元気になる、栄養満点パスタです。

材料（2人分）

冷凍うどん……2玉
卵……1個
A｜塩麴きのこ（p.56）……150g
　｜納豆……2パック
　｜パルミジャーノ・レッジャーノ……大さじ2
細ねぎの小口切り、のり……各適量

作り方

1）大きめのボウルに卵を溶きほぐす。Aを加え、さらに混ぜる。
2）冷凍うどんは袋の表示通りに電子レンジで解凍する。
3）2を熱いうちに1のボウルに加えて混ぜ、器に盛る。細ねぎとちぎったのりを散らす。

ささみのきのこ和え

忙しいときに助かる、レンジ加熱で完成の副菜。
きのこのうま味とごま油の香りでいただきます。

材料（2人分）

ささみ（筋を取り除いたもの）
……3本（180g）
塩麹きのこ（p.56）……100g
塩……少々
酒……大さじ1
ごま油……小さじ1

作り方

1）耐熱皿にささみを並べ、塩と酒を振る。ふわりとラップをかけて、電子レンジで2分30秒加熱する。ラップをしたまま粗熱をとる。
2）1のささみを手でさき、塩麹きのことごま油で和える。

発酵おかずの素

③ みそミートソース

ミートソースにみそを加えるのはわが家の定番。

「みそ味」にはなりませんが、みそを加えることで、コクが増してワンランクアップの味わいに。ミートソースはじっくり煮込むと深みが増すので、たっぷり作ってストックしておくのがおすすめです。

パスタはもちろん、チーズと合わせてミートトーストやグラタンにもアレンジできます。

保存期間／冷蔵庫で3〜4日間

材料(作りやすい分量)

牛ひき肉……300g
玉ねぎのみじん切り……1個分(200g)
セロリのみじん切り……1/2本分
にんにくのみじん切り……1かけ分
赤唐辛子(種を取る)……1本
赤ワイン……1/2カップ
A
- トマト水煮缶(ホールタイプ)……1缶(400g)
- ローリエ(あれば)……1枚
- みそ……大さじ1

塩、こしょう……各適量
オリーブオイル……大さじ1

作り方

1) フライパンにオリーブオイルとにんにくを入れ、中火で熱する。香りが立ったら玉ねぎとセロリを加え、塩、こしょうを振ってしんなりするまで炒める。
2) ひき肉と赤唐辛子を加え、ほぐすように炒める。肉の色が変わったら、赤ワインを加えて強火にし、アルコール分を飛ばす。
3) Aを加えてトマト缶をつぶしながら煮る。煮立ったらふたをして弱火にし、時々かき混ぜながら30分煮込む。

〈「発酵おかずの素」をつかって〉

みそミートソースパスタ

いつものミートソースより満足感があるのは、
縁の下の力持ち、みそのコクのおかげです。

材料（2人分）

みそミートソース（p.60）……300g
スパゲッティ（1.6mm）……180g
パルミジャーノ・レッジャーノ……適量

作り方

1）鍋にたっぷりの湯を沸かし、1%の塩分になるように塩（分量外）を加える（2Lにつき小さじ4が目安）。スパゲッティを入れ、袋の表示通りにゆでる。ざるにあげて水気をきる。
2）1を器に盛り、みそミートソースをかけ、パルミジャーノ・レッジャーノをかける。

アッシェ パルマンティエ

**フランスの家庭料理を、みそミートソースで
ひと味違う味わいに。コクがおいしさに直結です。**

材料（2人分）

じゃがいも……3個（300g）
みそミートソース（p.60）……200g
ピザ用チーズ……70g
A｜バター（有塩）……20g
　｜牛乳……大さじ5
　｜塩……ひとつまみ

作り方

1）じゃがいもは皮をむいてひと口大に切る。水にくぐらせてから耐熱ボウルに入れ、ふわりとラップをかけて電子レンジで5分ほどやわらかくなるまで加熱する。
2）1をスプーンなどでつぶして、Aを加えて混ぜる。
3）耐熱皿にみそミートソースを広げ入れ、2をおおうようにのせてチーズをのせる。トースターでこんがりと焼く。

発酵おかずの素

④ 塩麹ツナ

塩麹で漬けることでしっとり、やわらかな味わいに仕上がる塩麹ツナ。長く煮込まなくてもおいしいので、手軽に作れてわが家でも定番です。かつおでもまぐろでもお好きなほうで。大ぶりにほぐしてオイルごとサラダやパスタに使うと、自家製ならではの存在感になりますよ。蒸したじゃがいもと和えたり、サンドイッチやトーストにもおすすめです。

保存期間／冷蔵庫で1週間ほど

材料(作りやすい分量)

かつお(刺身用・さく)
……1～2本(400g)
塩麹……大さじ3
A
- にんにく(つぶす)……1かけ
- ローリエ……1枚
- 黒粒こしょう……15粒

オリーブオイル……適量

＊煮込んだオイルは風味あるオイルとして使用できます。

作り方

1) 小さめの厚手の鍋を用意し、鍋の直径に合わせてかつおを切る。
2) ポリ袋に1を入れ、塩麹を加えてもみ込む。冷蔵庫で30分ほどおく。
3) 1の鍋に軽く水分をふき取った2とAを入れ、かぶる程度までオリーブオイルを注ぐ。
4) 中火にかけ、ふつふつと沸いてきたらごく弱火にし、7～8分煮る。途中で一度上下を返す。
5) 火を止め、鍋の中で粗熱をとる。オイルごと保存容器で保存する。

〈「発酵おかずの素」をつかって〉

塩麹ツナサンド

塩麹ツナのおいしさをダイレクトに味わうなら、
シンプルなサンドイッチがベストです。

材料（2人分）

塩麹ツナ（p.64）……140g
きゅうり……1本
食パン（8枚切り・ミミを切り落とす）……4枚
マスタード、マヨネーズ……各適量

作り方

1）きゅうりは長さを半分に切り、縦に薄切りにする。
2）汁気をきった塩麹ツナを軽くほぐし、マヨネーズ大さじ2で和える。
3）パンにマスタードとマヨネーズをぬり、1のきゅうりを並べ、2をのせてはさむ。

ツナとブロッコリーのサラダ

味つけは、うま味がしみ出たオイルを使って。
ごろっと贅沢に使えるのは、自家製ならでは。

材料（2人分）

塩麹ツナ（p.64）……100g
ブロッコリー……1/2個（100g）
塩麹ツナのオイル……適量

作り方

1）ブロッコリーは小房に分ける。
2）鍋にたっぷりの湯を沸かし、塩少々（分量外）を加えて1を1～2分ゆでる。ざるにあげて水気をきる。
3）器に2とひと口大に切った塩麹ツナを盛り、オイルをかける。

発酵おかずの素

⑤ つゆだく 甘酒牛丼の素

なんと、味つけは甘酒としょうゆだけ！ そうは思えない深みのある味わいに仕上がる牛丼の素。

たっぷり玉ねぎがとろりとして味わい深く、甘酒を加えることで、お肉がやわらかく、やさしい甘みに仕上がります。くどくないのでおいしいつゆごと、まずはごはんにたっぷりかけて。つゆごと肉うどんにするのもわが家では好評です。

保存期間／冷蔵庫で3〜4日間

材料(作りやすい分量)

牛切り落とし肉……400g

玉ねぎ……2個(400g)

A
- 水……150mL
- 甘酒(ストレートタイプ)……1/2カップ
- しょうゆ……1/4カップ

作り方

1) 玉ねぎは横半分に切ってから、繊維に沿って5mm幅の薄切りにする。

2) 鍋にAと1を入れ、ふたをして中火にかける。煮立ったら弱火で5分ほど煮る。

3) 玉ねぎがしんなりしたらふたをとり、牛肉を加えてほぐす。中火にし、時々混ぜながら10分ほど煮る。

〈「発酵おかずの素」をつかって〉

つゆだく甘酒牛丼

牛肉がまとう、玉ねぎと甘酒の甘み。
“紅しょうがでなく、しば漬け”がわが家流。

材料（2人分）

つゆだく甘酒牛丼の素（つゆごと）（p.68）
……300g
温かいごはん……茶碗2膳分
しば漬け……適量

作り方

1）丼にごはんをよそい、甘酒牛丼の素としば漬けをのせる。

肉うどん

甘めに味わいたいなら、牛丼の素のつゆを多めに。
細ねぎの風味とシャキシャキ感もポイントです。

材料（2人分）

つゆだく甘酒牛丼の素（つゆごと）（p.68）
……300g
冷凍うどん……2玉
A　だし汁……4カップ
　しょうゆ、みりん
　……各大さじ2と1/2
細ねぎの斜め切り、七味唐辛子
……各適量

作り方

1）鍋にAを入れ、煮立たせる。
2）冷凍うどんは袋の表示通りに電子レンジで解凍し、器に盛る。1を注いでつゆだく甘酒牛丼の素をのせ、細ねぎを散らし、七味唐辛子をかける。

発酵おかずの素

⑥ 甘酒チキンキーマ

さっぱりしたチキンキーマに甘酒が加わるとコクのある味わいに。そのままたっぷりごはんにかけるのも定番、食パンにのせてチーズと一緒にトーストすれば大満足の朝ごはんに。お豆腐と合わせたカレーグラタンにすると、軽やかに食べられます。小分け冷凍しておけば、忙しいときの朝ごはんやランチに便利ですよ。

保存期間／冷蔵庫で3～4日間

材料(作りやすい分量)

鶏ひき肉……400g
玉ねぎのみじん切り……1個分(200g)
にんにくのみじん切り……1かけ分
カレー粉……大さじ3
塩、こしょう……各少々
A
- 甘酒(ストレートタイプ)……80mL
- トマトケチャップ……大さじ3
- みそ……大さじ1

サラダ油……大さじ1

作り方

1) Aを混ぜ合わせておく。
2) フライパンにサラダ油を強めの中火で熱し、玉ねぎを入れる。はじめはあまり触らずに焼き色をつけ、全体がしんなりするまで炒める。
3) ひき肉とにんにくを加えて炒め合わせる。ひき肉の色が変わったら、カレー粉と塩、こしょうを加えて炒め、粉っぽさがなくなったらAを加えて炒め合わせる。

〈「発酵おかずの素」をつかって〉

甘酒キーマカレー

あっさりながら、ちゃんと満足感があるのは、
甘酒とみそのほどよいコクの効果です。

材料（2人分）

甘酒チキンキーマ（p.72）……350g
温かいごはん……茶碗2膳分
パセリのみじん切り……適量

作り方

1）器にごはんを盛り、温めた甘酒チキンキーマをかけ、パセリを散らす。

お豆腐のカレーグラタン

ふわりとやさしい味のキーマには、
お豆腐のやわらかさがぴったりと合うのです。

材料（2人分）

もめん豆腐……1丁（300g）
甘酒チキンキーマ（p.72）……250g
ピザ用チーズ……50g

作り方

1）豆腐はキッチンペーパーで二重に包み、耐熱皿にのせて電子レンジでラップをせずに3分加熱する。そのまま20分ほどおき、水きりする。
2）耐熱皿に1を大きめのスプーンでざっくりとすくい入れ、甘酒チキンキーマ、チーズをのせてトースターでこんがりと焼く。

榎本家の発酵暮らし②

発酵食品も少量仕込み

毎年のみそづくりに、息子も仲間入り

みそや塩麹、甘酒など、わが家では発酵食品自体も仕込んでいます。

ただ、発酵食品もつくりおきと同じく大量には仕込まず、少量仕込み。


例えばみそは、毎年夫と私でそれぞれ1.6kgほどずつをつくります。

「来年のみそ仕込みまでに食べきらないと」とプレッシャーにならないようにしたいですし、みそ蔵のみそも美味しくてあれこれ買って試したいからです。

わが家はおみそ汁やみそ料理でほぼ毎日みそを使うので、気がついたら食べきってしまっています。


そして、みそづくりは、不思議と同じ材料、同じつくり方、同じ環境でつくっても、つくる人によって味が変わるので、「今年は夫のみその方が美味しい」、「今年の私のみそは甘め」など、違いを味わうのが楽しいです。

今年からは夫と私のみそに加えて、息子のみそも増えました…！

「1歳になる前に仕込んでおきたいね」と誕生日の直前、夏仕込みになってしまいましたが、息子と一緒にみそをつくりました。

〝0歳みそ〟と名付けたそのみそは、今もキッチンで発酵中、うまく出来上がるといいなと思っています。

発酵食は、毎日気軽に普段使い

そして、みそに限らず、仕込んだ発酵食品

はとっても気楽に使っています。

みそは、おみそ汁はもちろん、たれにして野菜と和えたり、白和えに入れたり。

トマト味とも相性がよいので、ミートソースやトマト煮込みなど洋食に使ったりもします。

塩麹は、薄切り肉を和えて少しおくだけで柔らかくなります。それをさっと炒めて使ったり、塩の代わりにスープに入れたりもしています。

甘酒は、毎朝黒酢で割って飲んでいます。

料理では砂糖代わりにドレッシングやたれを作るときに加えたり、照り焼きや煮物、和え物にも使えます。

砂糖よりも優しい甘みでさっぱりと食べられて、体も重たくなりません。

甘酒は食材がしっとりするので、漬けてから使うのもおすすめです。

発酵食品は仕込んでもよいですし、もちろん市販のものを買ってもOK。

スーパーなどで手に入りやすいものでよいと思います。私は購入するときに原材料を見て、なるべく余分なものが入っていないものを選ぶようにしています。

ただ、自分が好きかどうかは食べてみないとわからないので、なるべく様々なものを試すようにしています。発酵食品は日本全国(世界にも…!)広がっているので、旅先でいろいろと市販のものを試したりもしています。

ライフスタイルに合わせて、発酵食品を気軽に取り入れていただけたら嬉しいなと思います。

3章

肉・魚の発酵つくりおき

メインができていると思うだけで、心はぐっと軽やかです。発酵によるうま味を存分に生かせば、シンプルな手順で、ここまで味わい深く仕上がります。

塩麹サラダチキン

大人気のサラダチキン、
塩麹で、しっとりやわらかな仕上がりに。
ゆで汁はそのままスープとして味わえます。

材料(3〜4人分)

鶏むね肉……2枚(600g)
塩麹……大さじ5
酒……大さじ2

＊ゆで汁ごと保存容器に入れ、
冷蔵庫で3日間保存可能。

作り方

1) 鶏肉は全体にフォークで穴をあけ、ジッパー付き保存袋に入れる。塩麹を加えてもみ、空気を抜いて封をし、冷蔵庫でひと晩おく。
2) 鍋に1を皮目を下にして入れる。水をかぶるほど注ぎ(1L程度)、酒を加えて弱めの中火にかける。鍋底から小さな泡が浮き上がってきたら弱火にし、5〜6分加熱する。上下を返してさらに5〜6分加熱する。
3) 再び上下を返して皮目を下にし、ふたをして火を止める。そのまま30分おく。

鮭の黒酢南蛮漬け

ほどよいコクは黒酢の効果。
香り高いセロリと、すだちの酸味が
さわやかなアクセント。

材料(3～4人分)

生鮭の切り身……3枚
紫玉ねぎ……1/2個(100g)
にんじん……1/4本(50g)
セロリ……1本
すだち……2個
薄力粉……適量
塩、こしょう……各少々
A | だし汁……1カップ
　| しょうゆ、黒酢……各大さじ2
　| みりん……小さじ4
　| 赤唐辛子の小口切り……1本分
サラダ油……大さじ2

＊みりんのアルコール分が気になる場合は、耐熱容器に入れて電子レンジでラップせずに40～50秒加熱して煮切る。
＊冷蔵庫で3～4日間保存可能。

作り方

1) 紫玉ねぎは縦薄切り、にんじんは細切り、セロリは筋を取って4～5cm長さの細切りにする。すだちは輪切りにする。
2) 鮭はそれぞれ4等分に切り、塩、こしょうを振り、薄力粉をまぶす。
3) Aを保存容器に入れて混ぜる。
4) フライパンにサラダ油を中火で熱し、2を片面2～3分ずつ中心まで火が通るまで焼く。熱いうちに3の容器に入れる。上に1をのせ、ラップを上から密着させて敷き込む。味がなじむまで15分以上おく。

アスパラのみそ肉巻き

味つけは、みそひとつ！
驚きのうま味で箸が進みます。

材料(2〜3人分)

豚ばら薄切り肉……10枚
アスパラガス……5本
みそ……大さじ1と1/2
サラダ油……小さじ1

＊冷蔵庫で3〜4日間保存可能。

作り方

1) アスパラガスはピーラーなどで根元から1/3程度皮をむく。長さを半分に切る。
2) 豚肉の片面にみそ小さじ1/2弱ずつぬる。
3) みそをぬった面がアスパラガスに密着するように、1を2で巻く。
4) フライパンにサラダ油を中火で熱し、3の巻き終わりを下にして並べ、1分ほど焼く。全体を転がしながら、さらに2〜3分焼く。水大さじ1(分量外)を加え、水気がなくなるまで転がしながら焼く。

豚肉と白菜のみそうま煮

豚肉のうま味を吸った、白菜のおいしさに感激。
ごはんにかけて、丼にするのもおすすめです。

材料(3〜4人分)

白菜……1/4個(500g)
豚こま切れ肉……250g
しょうがのみじん切り……1かけ分
A｜水……1/4カップ
｜みりん、酒……各大さじ2
｜みそ……大さじ1と1/2
水溶き片栗粉
｜片栗粉、水……各大さじ1と1/2
ごま油……小さじ2

＊冷蔵庫で2〜3日間保存可能。

作り方

1) 白菜は繊維を断つ向きで1cm幅に切り、大きければ食べやすいサイズに切る。Aは混ぜ合わせておく。
2) フライパンにごま油としょうがを入れ、中火で熱する。しょうがの香りが立ったら豚肉を加えて炒め、肉の色が変わったら一度取り出す。
3) 2のフライパンに1とAを入れてふたをし、中火にかける。蒸気が出てきたら弱火にして6〜7分蒸し煮する。
4) 2を戻し入れ、水溶き片栗粉を加える。とろみが出るまで混ぜながら加熱する。

甘酒プルコギ

甘酒を使えば、韓国料理もふんわりやさしく。
野菜たっぷり、ごはんが進む甘じょっぱい味。

材料(2～3人分)

牛切り落とし肉……200g
ピーマン(赤・緑)……各1個
玉ねぎ……1/2個(100g)
キャベツ……2枚
A　甘酒(ストレートタイプ)……大さじ3
　しょうゆ……大さじ1と1/2
　酒、ごま油……各大さじ1
　にんにくのすりおろし、
　　コチュジャン……各小さじ1
ごま油……小さじ1

作り方

1) ピーマンは細切りにする。玉ねぎは縦薄切り、キャベツは1.5cm幅に切る。
2) ボウルに牛肉を入れ、Aを加えてもみ込み、10分おく。
3) フライパンにごま油を中火で熱し、1の玉ねぎを炒める。しんなりしたら、2をつけ汁ごと、さらに1のピーマンとキャベツを加え、肉に火が通るまで炒める。

＊冷蔵庫で3～4日間保存可能。

しそ入り塩麹つくね

塩麹だけで、味がピシッと決まります。
しそはお好みで、もっとたくさん入れても。

材料(2〜3人分)

A | 鶏ひき肉……300g
　| 長ねぎのみじん切り……1/2本分
　| 塩麹……小さじ4

青じそ……5枚
サラダ油……小さじ1

＊冷蔵庫で3〜4日間保存可能。

作り方

1) ボウルにAを入れて練る。青じそをちぎりながら入れ、さっくりと混ぜる。
2) 1を8等分に分け、小判型に丸める。
3) フライパンにサラダ油を中火で熱し、2を並べ入れる。片面1分30秒ずつ焼き、ふたをして弱火でさらに3分加熱する。

みそ照り焼きチキン

ぜひ味わってほしい、甘みをおさえたみそ照り焼き。
味がしっかり入っているので、お弁当のおかずにも。

材料（3～4人分）

鶏もも肉……2枚(600g)
A｜甘酒(ストレートタイプ)……大さじ6
　｜みそ……大さじ2と1/2
サラダ油……小さじ2

＊冷蔵庫で3～4日間保存可能。

作り方

1) 鶏肉はそれぞれ6等分に切る。ポリ袋に入れ、混ぜ合わせたAを加えてもみ、冷蔵庫で1時間～ひと晩漬ける。
2) フライパンにサラダ油を中火で熱し、1を皮目を下にして並べ入れる(残った漬け汁はとっておく)。焼き目がつくまで5～6分焼く。上下を返し、ふたをして弱火にし、さらに3～4分焼く。
3) とっておいた漬け汁を加え、全体を炒め合わせる。

塩麹蒸し鶏の棒棒鶏風

パサつきがちなささみも、塩麹の効果でしっとり。
レンジで気軽につくれる、手早いつくりおき。

材料（2〜3人分）

ささみ（筋を取り除いたもの）
……4本（240g）
きゅうり……1本
塩麹……大さじ1
A｜みそ、黒酢、白すりごま
｜……各大さじ1
｜みりん、ごま油……各小さじ1

＊みりんのアルコール分が気になる場合は、耐熱容器に入れて電子レンジでラップせずに20秒ほど加熱して煮切る。
＊冷蔵庫で2〜3日間保存可能。

作り方

1）ささみはジッパー付き保存袋に入れ、塩麹を加えてもみ込む。冷蔵庫で1時間〜ひと晩おく。
2）耐熱皿にささみをのせ、ふわりとラップをして電子レンジで3分ほど加熱する。ラップをしたまま粗熱をとる。手で食べやすくさく。
3）きゅうりは縦半分に切ってから斜め薄切りにする。
4）保存容器にAを入れて混ぜ、2と3を加えて和える。

甘酒チャーシュー

甘酒で漬け込んだ豚肉は、しっとりやわらか。
煮る前に、しっかり焼きつけて香ばしさをプラス。

材料（3～4人分）

豚肩ロース塊肉（できれば
　高さ5cm程度のもの）……500g
甘酒（ストレートタイプ）……大さじ4
A｜しょうがの薄切り……3枚分
　｜長ねぎの青い部分（あれば）
　｜　……1本分
　｜八角（あれば）……1個
　｜甜麺醤……大さじ3
　｜しょうゆ……大さじ2
サラダ油……大さじ1

＊冷蔵庫で4～5日間保存可能。

作り方

1）豚肉全体にフォークで穴をあける。ジッパー付き保存袋に入れ、甘酒を加えてもみ込む。Aを加え、冷蔵庫で1時間～ひと晩漬け込む。
2）調理1時間前に1を取り出す。
3）フライパンにサラダ油を中火で熱し、汁気をきった2を入れる（漬け汁はとっておく）。全体を返しながら3分ほど焼く。
4）水1/2カップ（分量外）と漬け汁を加えて、煮立てる。ふたをし、弱火で片面8～9分ずつ煮る。煮汁ごと保存容器に入れる。

塩麹ゆで豚

塩麹をもみ込んで、じっくり味をしみ込ませます。
和え麺の具や丼など、何かと使えておすすめです。

材料（3〜4人分）

豚肩ロース塊肉……500g
塩麹……大さじ2と1/2
酒……大さじ2

＊ゆで汁ごと保存容器に入れ、冷蔵庫で3〜4日間保存可能。

作り方

1) 豚肉全体にフォークで穴をあける。ジッパー付き保存袋に入れ、塩麹を加えてもみ込む。空気を抜いて封をし、冷蔵庫で2日間おく。
2) 厚手の鍋に1の豚肉を塩麹がついたまま入れ、水をかぶるほど注ぎ(1.5L程度)、酒を加えて中火にかける。煮立ったらアクを取り除き、途中、肉の上下を一度返して弱火で12〜13分ゆでる。再び上下を返して火を止める。ふたをし、鍋の中で粗熱をとる。

塩麹ささみのゆずこしょう和え

塩麹のやさしい塩けに、ゆずこしょうの
さわやかな辛味がアクセント。おつまみにも！

材料（3～4人分）

ささみ（筋を取り除いたもの）
……6本（360g）
塩麹……大さじ1と1/2
酒……小さじ2
ゆずこしょう……小さじ1
サラダ油……小さじ2

＊冷蔵庫で3～4日間保存可能。

作り方

1）ささみはそれぞれ4等分のそぎ切りにする。塩麹をもみ込み、15分おく。
2）フライパンにサラダ油を熱する。弱火にして1を入れ、1～2分焼く。上下を返し、酒を振り入れてふたをして3～4分蒸し焼きにする。
3）2を保存容器に入れ、ゆずこしょうで和える。

ぶりの甘酒照り焼き

火を入れると、かたくなりがちな切り身の魚。
甘酒使いで、照り焼きもしっとり仕上がります。

材料（4人分）

ぶりの切り身……4枚（400g）
A｜甘酒（ストレートタイプ）……大さじ4
　｜しょうゆ……大さじ2
片栗粉……適量
サラダ油……大さじ1

＊冷蔵庫で2〜3日間保存可能。

作り方

1）バットにAを入れて混ぜ、ぶりを入れる。全体にからめ、10分おく。
2）1の汁気をきってキッチンペーパーで軽くふき（漬け汁はとっておく）、全体に片栗粉をまぶす。
3）フライパンにサラダ油を中火で熱し、2を片面2〜3分ずつ焼く。残した漬け汁を加え、全体を焼きからめて火を止める。

鶏手羽元の甘酒黒酢煮

／なすの黒酢煮

甘酒のコクと、黒酢のまろやかな酸味がたまりません。残りの煮汁でつくる、なすの煮物もぜひ！

材料（2〜3人分）

鶏手羽元……8本（480g程度）
甘酒（ストレートタイプ）
……1/2カップ
A｜水……1カップ
　｜黒酢、しょうゆ……各1/4カップ

＊冷蔵庫で4〜5日間保存可能。

作り方

1）手羽元は骨に沿って切り目を入れ、ジッパー付き保存袋に入れる。甘酒を加え、冷蔵庫でひと晩漬ける。
2）鍋に1とAを入れて中火にかける。煮立ったら落としぶたをして弱火にし、15分ほど煮る。
3）落としぶたを取り、5分煮る。火を止めて粗熱をとる。

・残りの煮汁でなすを煮ると絶品
なす2〜3本は食べやすい大きさに切り、皮に格子状に切り目を入れる。中火で熱した煮汁に入れ、10分ほどやわらかくなるまで煮る。

豚こま酢豚

豚こまを使って、揚げ焼きでつくれるお手軽酢豚。
衣は片栗粉を使って、カリッと仕上げます。

材料（3〜4人分）

豚こま切れ肉……300g
ピーマン……4個
玉ねぎ……1/2個(100g)
片栗粉……適量
A｜トマトケチャップ、水
　｜……各大さじ2
　｜黒酢、しょうゆ……各大さじ1
　｜砂糖、片栗粉……各小さじ1
塩、こしょう……各少々
サラダ油……大さじ3

＊冷蔵庫で3〜4日間保存可能。

作り方

1）ピーマンは乱切りにする。玉ねぎは縦に1cm幅に切る。
2）豚肉は塩、こしょうを振り、片栗粉をまぶす。
3）フライパンにサラダ油を中火で熱し、2を入れる。できるだけ触らずに、3〜4分かけて両面をこんがりと焼く。火が通ったら一度取り出す。
4）余分な油を軽くキッチンペーパーでふき取り、1を中火で炒める。玉ねぎに透明感が出てきたら、混ぜたAを加え、3を戻し入れて炒め合わせる。

豚とれんこんのみそ炒め

厚切り豚肉で大満足！ コクのあるみそ炒め。
れんこんは棒状に切って、食感を楽しみます。

材料（2〜3人分）

豚ロース厚切り肉（とんかつ用）
……2枚（300g）
れんこん……200g
塩、こしょう……各少々
片栗粉……適量
A｜にんにくのすりおろし……1かけ分
｜みそ……大さじ1と1/2
｜みりん、酒……各大さじ1
ごま油……小さじ2＋小さじ1

＊冷蔵庫で3〜4日間保存可能。

作り方

1）豚肉は1cm幅に切り、長さを半分に切る。塩、こしょうを振り、片栗粉をまぶす。れんこんは皮ごと1.5cm角×4cm長さ程度の棒状に切る。
2）フライパンにごま油小さじ2を弱めの中火で熱する。1の豚肉を入れ、できるだけ触らずに、4〜5分かけて両面こんがりと焼く。火が通ったら取り出す。
3）フライパンにごま油小さじ1を足し、1のれんこんを炒める。透明感が出てきたら、弱火にして2を戻し入れ、混ぜたAを加えて全体を炒め合わせる。

塩麹からあげ

塩麹を使うだけで、から揚げはよりジューシーに。
にんにくの香りも、食欲をグッと刺激します。

材料（3〜4人分）

鶏もも肉……2枚（600g）

A
- にんにくのすりおろし……1かけ分
- 塩麹……大さじ3
- 酒……大さじ1

薄力粉……大さじ2

片栗粉……大さじ6程度

揚げ油……適量

＊冷蔵庫で3〜4日間保存可能。

作り方

1）鶏肉はひと口大に切り、ポリ袋に入れる。Aを加えてもみ込み、冷蔵庫で30分〜ひと晩漬ける。

2）1の袋に薄力粉を加えて全体になじませる。

3）バットに片栗粉を広げ、2をひとつずつまぶす。

4）揚げ油を170℃に熱し、3を5分揚げる（途中、2分ほど経ったところで上下を返す）。

タンドリーチキン

ヨーグルトは味つけだけでなく、肉をやわらかにする効果も。大ぶりに切って、食べ応えもアップ。

材料（3～4人分）

鶏もも肉……2枚（600g）
ピーマン（赤）……4個
A　にんにくのすりおろし……1かけ分
　プレーンヨーグルト……大さじ3
　トマトケチャップ、カレー粉……各大さじ1
塩……小さじ2/3
こしょう……少々
オリーブオイル……大さじ2

＊冷蔵庫で3～4日間保存可能。

作り方

1）鶏肉はそれぞれ4等分に切り、塩、こしょうを振ってポリ袋に入れる。Aをよくもみ込み、冷蔵庫でひと晩漬ける。
2）ピーマンはひと口大に切る。
3）フライパンにオリーブオイルの半量を中火で熱し、2を片面1～2分ずつ焼いて取り出す。
4）3のフライパンに残りのオリーブオイルを中火で熱し、1を皮目を下にして入れ、3～4分焼く。上下を返して両面に焼き目がついたらふたをし、弱火で5～6分蒸し焼きにする。3を戻し入れて合わせる。

かじきのマリネソテー

下味を塩麹にするだけで、おいしさ底上げ。
とろりと蒸された、玉ねぎもごちそうです。

材料（3〜4人分）

かじきの切り身……3枚（300g）
塩麹……大さじ1
A｜玉ねぎの縦薄切り……1個分（200g）
｜にんにくの縦薄切り……1かけ分
｜白ワインビネガー、
｜　オリーブオイル……各大さじ3
オリーブオイル……大さじ1

＊冷蔵庫で3〜4日間保存可能。

作り方

1）かじきはそれぞれ半分に切り、ジッパー付き保存袋に入れる。塩麹を加えてなじませ、Aを加えて空気を抜いて封をし、冷蔵庫で30分〜ひと晩おく。
2）フライパンにオリーブオイルを中火で熱し、1のかじきを1分ほど焼く。上下を返して弱火にし、1の玉ねぎ、にんにくを汁気ごと加え、ふたをして4〜5分、火が通るまで蒸し焼きにする。

れんこんみそバーグ

**肉だねにみそ、ソースにもみそのダブル使い。
ほんのり和風な、コクのあるハンバーグです。**

材料（6個分）

合いびき肉……300g
玉ねぎのみじん切り……1/2個分（100g）
れんこん……80g
A｜卵……1個　パン粉……20g
　｜みそ……小さじ2　こしょう……少々
B｜酒……大さじ3
　｜トマトケチャップ、
　｜　ウスターソース……各大さじ2
　｜みそ……小さじ2
サラダ油……小さじ2

＊冷蔵庫で3～4日間保存可能。

作り方

1）玉ねぎは耐熱皿に入れてラップをかけ、電子レンジで1分加熱して粗熱をとっておく。れんこんは7mm角に切る。
2）ひき肉とAをよく練る。1を加えて混ぜ、6等分にして小判型に丸める。
3）フライパンにサラダ油を中火で熱し、2を片面2分ずつ焼く。
4）ふたをして弱火で6～7分蒸し焼きにする。火が通ったら取り出す。
5）4のフライパンにBを加えて弱めの中火にかけ、とろりとしたら4のハンバーグを戻し入れ、からめる。

キャベツと豚の黒酢みそだれ和え

薄切り肉は弱火でさっと火を通し、やわらかに。
黒酢&みその、うま味たっぷりのタレでどうぞ。

材料（2～3人分）

豚薄切り肉(しゃぶしゃぶ用)……250g
キャベツ……1/4個(300g)
A | みそ、黒酢、白すりごま、
　みりん、酒……各大さじ1と1/2
　ごま油……小さじ2

＊冷蔵庫で3～4日間保存可能。

作り方

1) 酒、みりんをそれぞれ耐熱皿に入れ、ラップをかけずにそれぞれ1分～1分30秒ほど電子レンジにかけてアルコール分を飛ばす。残りのAの材料と混ぜる。
2) キャベツはひと口大のざく切りにする。
3) 鍋にたっぷりの湯を沸かし、2を2～3分ゆでる。取り出して水気をきる。
4) 同じ湯をごく弱火にかけ、酒、塩(各少々・分量外)を加え、豚肉を湯通しする。色が変わったらざるにあげる。
5) 3と4の粗熱がとれたら、ボウルに入れて1で和える。

鶏肉のみそトマト煮

みそを入れると、不思議とごはんに合う味わいに。
ズッキーニなど、季節の野菜を加えても。

材料(3～4人分)

鶏もも肉……小2枚(500g)
マッシュルーム……1パック(100g)
玉ねぎの縦薄切り……1個分(200g)
トマト水煮缶(カットタイプ)
……1缶(400g)
A｜にんにく(つぶす)……1かけ
　｜オリーブオイル……大さじ1
みそ……小さじ4　塩……小さじ1/4
こしょう……少々　薄力粉……適量
パセリのみじん切り……少々

＊冷蔵庫で3～4日間保存可能。

作り方

1) 鶏肉はそれぞれ6等分に切り、塩、こしょうを振り、薄力粉をまぶす。
2) マッシュルームは軸を切り落とす。
3) フライパンにAを中火で熱し、1の鶏肉を皮目を下にして入れる。3～4分焼いて上下を返し、さらに2分ほど焼き、取り出す。
4) 3のフライパンで、玉ねぎと2を中火で炒める。玉ねぎがしんなりしたら、トマト缶を加え、3を戻し入れてみそを溶き入れる。煮立ったらふたをして弱火で20分煮る。仕上げにパセリを振る。

玉ねぎたっぷり甘酒しょうが焼き

しょうがは皮ごとすりおろし、香りを楽しみます。
甘酒としょうゆだけとは思えない、味わい深さ。

材料（3～4人分）

豚ロースしょうが焼き用……300g
玉ねぎ……1個（200g）
A｜しょうがのすりおろし（皮ごと）……1かけ分
｜甘酒（ストレートタイプ）……80mL
｜しょうゆ……大さじ2
サラダ油……小さじ2

＊冷蔵庫で3～4日間保存可能。

作り方

1）玉ねぎは縦に5mm幅に切る。豚肉は、赤身と脂身の間に切り目を入れ、筋を切る。
2）1の豚肉をバットに入れ、Aを混ぜ合わせて加え、15分漬ける（途中、一度上下を返す）。
3）フライパンにサラダ油を中火で熱し、1の玉ねぎを炒める。しんなりしたら、取り出す。弱めの中火にし、漬け汁を軽くきった2の豚肉を広げ入れ、両面焼いて火を通す。玉ねぎと同様に取り出す。
4）フライパンに漬け汁を入れ、ひと煮立ちさせる。3を戻し入れ、からませる。

牛肉とみょうがの甘酒しぐれ煮

甘酒のやわらかな甘みと、みょうがの香りが絶妙。
あっさりと食べられる、軽やかさがいいのです。

材料（2〜3人分）

牛切り落とし肉……200g
長ねぎ……1本
みょうが……2個
A｜水……1/4カップ
｜甘酒（ストレートタイプ）……大さじ3
｜しょうゆ……大さじ1と1/2
サラダ油……小さじ1

＊冷蔵庫で4〜5日間保存可能。

作り方

1）長ねぎは斜め薄切りにする。みょうがは縦半分に切ってから、縦に薄切りにする。
2）鍋にサラダ油を中火で熱し、1の長ねぎと牛肉を炒める。肉に8割ほど火が通ったらAを加え、汁気がなくなるまで煮る。1のみょうがを加えてさっと混ぜる。

ささみとピーマンの甘酒オイスター炒め

ピーマンは軽く火を通し、フレッシュに味わって。
甘酒の穏やかな甘さは、中華風とも相性◎です。

材料（2〜3人分）

ささみ（筋を取り除いたもの）
……4本（240g）
ピーマン……4個
玉ねぎ……1/2個（100g）
塩、こしょう……各少々
片栗粉……適量
A 甘酒（ストレートタイプ）……大さじ1
オイスターソース……小さじ2
しょうゆ……小さじ1
サラダ油……大さじ1

作り方

1） ピーマンは縦半分に切って、繊維を断つ向きで3等分に切る。玉ねぎは縦薄切りにする。ささみはそぎ切りにし、塩、こしょうを振り、片栗粉をまぶす。
2） フライパンにサラダ油を中火で熱し、1のささみと玉ねぎを4〜5分炒める。ささみに火が通ったら、ピーマンを加えてさっと炒め合わせ、Aを加えてなじませる。

＊冷蔵庫で3〜4日間保存可能。

鶏むね肉とセロリの梅和え

片栗粉をまぶしてゆでた鶏むねは、つるんとした食感に。セロリと梅をさわやかに香らせます。

材料（2〜3人分）

鶏むね肉（皮なし）……1枚（300g）
セロリ……1本
塩麹……大さじ1と1/2＋小さじ1/2
片栗粉……適量
梅干し……2個
ごま油……小さじ1

＊冷蔵庫で3〜4日間保存可能。

作り方

1）鶏むね肉は細長くなるように縦半分に切ってから、1cm厚さのそぎ切りにする。塩麹大さじ1と1/2をもみ込んで15分ほどおき、片栗粉をまぶす。
2）セロリは斜め薄切りにし、塩麹小さじ1/2をもみ込む。5分ほどおき、出てきた水気を絞る。
3）鍋に湯を沸かす。弱めの中火にし、1を火が通るまで2〜3分ゆでる。ざるにあげて水気をきり、ボウルに入れる。
4）3に2とごま油を加え、梅干しをちぎりながら加えて和える。

豚と大根のピリ辛炒め煮

大根の皮は食感がよく、おいしい！
“もうひとつの素材”として活用します。

材料（3～4人分）

豚こま切れ肉……250g
大根……1/4本（300g）
A｜酒……大さじ1
　｜コチュジャン、しょうゆ
　｜　……各小さじ2
サラダ油……小さじ2

＊冷蔵庫で3～4日間保存可能。

作り方

1） 大根は皮をむき、7～8mm幅のいちょう切りにする。皮は細切りにする。
2） フライパンにサラダ油を中火で熱し、豚肉を炒める。火が通ったら一度取り出す。
3） 2のフライパンに1の大根を入れ、できるだけ触らずに、3～4分かけて焼き目がつくように炒める。皮も加えてさっと炒め、2を戻し入れる。
4） 混ぜ合わせたAを加えてなじませる。

塩麹砂肝ブロッコリー

コリコリと食感のよい砂肝は栄養価も◎。
塩麹と相性のいい、にんにくをアクセントに。

材料（2〜3人分）

砂肝……250g
ブロッコリー……1個（200g）
にんにくの縦薄切り……1かけ分
塩麹……小さじ4
こしょう……適量
オリーブオイル……大さじ1

＊冷蔵庫で2〜3日間保存可能。

作り方

1）ブロッコリーは小房に分け、茎は外側のかたい部分を厚くむき、乱切りにする。
2）砂肝は繋がっている部分を切り分ける。それぞれ、厚い部分に5mm間隔程度に深く切り目を入れる。塩麹、こしょうをもみ込む。
3）フライパンにオリーブオイルとにんにくを入れて中火で熱し、香りが立ったら2を加えて炒める。全体に油が回ったら、1を加えて炒め合わせ、ふたをして、時々上下を返しながら砂肝に火が通るまで3〜4分蒸し焼きする。

おわりに

「榎本さんって〝つくりおき〟を作ったりされますか？」

以前から撮影現場などでそう質問されるときが時々あり、その時は「うーん作らないかもなあ」と正直思っていました。というのも、「〝つくりおき〟＝たくさんの量を、たくさんの種類作る」というイメージだったので、私はあまりやらないかもなあと思っていました。けれど、よくよく思うと〝少量のつくりおき〟を普段からよく作っているのです。晩ごはんのおかずを少し多めに作る程度に、少しの量で、1種類とか2種類とか。明日か明後日には食べきってしまう、でもあると便利なつくりおき。

そして私の場合、自然と発酵食品を使ったものが多いのですが、そうすると、冷めても美味しくて、飽きずに食べきれて、また食べたいなと思えるのです。そうか、これも〝つくりおき〟だと気がつき、ご縁があって、一冊の本にさせていただくこととなりました。

発酵食品が好きな方にも、そして、〝つくりおき〟が自分に合うのかなあと思っている方にも、少量で気軽なこのつくりおきのレシピたちが届きますように。

最後に、私のつくりおきライフを丁寧に引き出してくださった、編集の磯部さん、福山さん、シンプルながら優しさとすっきり感のあるとても素敵なデザインに仕上げてくださったデザイナーの嶌村さん、保存容器が多いスタイリングでも料理の魅力を引き出してくださったスタイリストの久保田さん、こんな写真いつ撮ったの？と気づかぬうちに素敵な写真をたくさん撮影いただいた砂原さん、バタバタとした撮影の中で、仕込みから調理サポートをしてくださったアシスタントの華さん、関わってくださったすべての皆さま、そして、この本を手に取ってくださった皆さまに心からお礼申し上げます。

ありがとうございます。

榎本美沙

榎本美沙（えのもと みさ）

料理家・発酵マイスター。発酵食品、旬の野菜を使ったシンプルなレシピが好評で、テレビや雑誌、書籍など多岐の媒体にわたり活躍する。登録者30万人を超えるYouTubeチャンネル「榎本美沙の季節料理」や、Instagram(@misa_enomoto)も人気。2023年よりオンラインレッスン「榎本美沙の料理教室」を開校。『少量でおいしい ジッパー袋でかんたん 季節の保存食』(家の光協会)、『からだが喜ぶ 発酵あんことおやつ』(主婦と生活社)、『ちょこっとから楽しむ はじめての梅仕事』(山と渓谷社)、『ゆる発酵』(オレンジページ)など、著書多数。

–

YouTube：「榎本美沙の季節料理」
Instagram：@misa_enomoto
X(旧Twitter)：@misa_enomoto
HP：「ふたりごはん」
https://www.futari-gohan.jp
オンラインレッスン：「榎本美沙の料理教室」
https://online.misa-enomoto.com/

デザイン —— 蔦村美里（studio-nines）
撮影 —— 砂原 文
スタイリング —— 久保田朋子
取材・文 —— 福山雅美
調理協力 —— 深瀬華江
写真提供（P.76） —— 榎本美沙
校正 —— ケイズオフィス

少量だから気軽に続けられる
榎本美沙の発酵つくりおき

2023年12月20日　第1刷発行
2024年 5 月15日　第2刷発行

著者　榎本美沙
発行者　木下春雄
発行所　一般社団法人 家の光協会
〒162-8448　東京都新宿区市谷船河原町11
電話 03-3266-9029（販売）
03-3266-9028（編集）
振替 00150-1-4724
印刷・製本　図書印刷株式会社

ISBN 978-4-259-56779-8 C0077